Stefanie Pfister

Ich gegen mich!?

Kopiervorlagen zum Thema Selbstverletzung, Selbstbewusstsein, Identität

Sekundarstufe I

Vandenhoeck & Ruprecht

Das brennt mir auf der Seele

Herausgeber der Reihe: Reiner Andreas Neuschäfer
Umschlagabbildung und Illustrationen: Katrin Wolff und Sergej Pjatakow

Bibliografische Information der Deutschen Naionalbibliothek

Die Deutsche Nationalbibliothek verzeichnet diese Publikation in der Deutschen Nationalbibliografie; detaillierte bibliografische Daten sind im Internet über http://dnb.d-nb.de abrufbar.

ISBN 978-3-525-77626-1

Druck und Bindung: ⊕Hubert & Co, Göttingen

Gedruckt auf alterungsbeständigem Papier

Inhalt

Zum Gebrauch dieses Heftes

Zwischen „Ich bin großartig" und „Ich bin der letzte Loser" schwanken die Selbsteinschätzungen Jugendlicher – oft mehrfach am Tag. Sie sind auf der Suche nach anderen und zugleich nach sich selbst. In ihrem Wunsch nach Freiheit und zugleich Halt erscheint das Dasein wie eine Achterbahn: mal oben auf – und dann wieder kann man sich selbst nicht leiden ... Im Letzten sehnen sich Jugendliche nach einem endgültigen, bedingungslosen Angenommenwerden.

Für diese Suche und Sehnsucht brauchen junge Menschen Begleitung; sie wollen herausgefordert sein – versuchsweise und gleichsam im geschützten Raum – sich zu bekennen: Was schätze ich an mir? Was prägt und trägt mich? Wo bin ich verletzt und verzweifelt? Wo gebe ich mich auf und versuche anderen zu gefallen? Was schätzen andere an mir? Wo befreien mich andere zum Menschsein?

Die Materialien in diesem Heft regen dazu an, sich individuell mit dem eigenen Ich auseinanderzusetzen – in guten und schlechten Tagen – und dabei christliche Bezüge nicht außer Acht zu lassen.

Das brennt mir auf der Seele – die Reihe

Lehrer und Lehrerin sein – dass das weit über das Vermitteln des Unterrichtsstoffs hinausgeht, ist allen Beteiligten klar. Die Schülerinnen und Schüler bringen ihren Alltag mit in die Schule, ihre Freuden und Sorgen, ihr Leid. Das mag den Unterricht bisweilen „stören" – das Lernen fürs Leben aber wird es fördern, wenn, ja wenn solche Themen aufgegriffen und pädagogisch und menschlich ernst genommen werden.

Die Reihe „Das brennt mir auf der Seele" bietet Materialien, die es ermöglichen, die „typischen Seelenschmerzen" von Jugendlichen zu thematisieren, aufzuarbeiten und Lösungsimpulse bereitzustellen – präventiv im Klassen- oder Projektunterricht oder auch aus gegebenem Anlass.

Die Kopiervorlagen sind thematisch gruppiert, in der Regel aber einzeln verwendbar. Sie bieten Texte, Impulse, Bilder zur individuellen Auseinandersetzung – allein oder zusammen mit anderen; sie sind also zur Einzel- wie zur Partner- oder Gruppenarbeit einsetzbar. Bei Fragen der Seele sind Antworten kaum je „fertig" oder einfach als „richtig" oder „falsch" zu kategorisieren. Dementsprechend bedarf es keiner Einzelevaluation der Blätter. Angeboten wird aber ein Auswertungsbogen für das Ende einer möglichen Unterrichtsreihe oder Projektwoche, der nach längerer Beschäftigung mit dem Thema danach fragt, welchen Weg der oder die Einzelne gegangen ist und welche Erfahrungen und Eindrücke „hängen blieben".

Zur Sache: Ich gegen mich?! - Selbstverletzung, Selbstbewusstsein, Identität

In meiner Theatergruppe wünschen sich die Schülerinnen und Schüler regelmäßig, dass eine bekannte Fernsehshow zum Sichten von Gesangstalenten spontan nachgespielt wird. Besonders gefragt sind die Rollen der Jurymitglieder, um die Sängerinnen und Sänger kritisch, oftmals herablassend beurteilen zu können.

Wie können junge Menschen damit umgehen, dass sie in einer möglichen „Talentshow des Lebens" nicht zu den Besten gehören würden? Dass sie erbarmungslos kritisiert werden? Nicht jeder kann ein Superstar sein, oft könnte bereits ein Casting jegliche Hoffnung zunichte machen. Jugendliche müssen aber mit der Wahrheit ihrer Identität konfrontiert werden, sich ihrer Gaben und Grenzen bewusst werden und den Umgang mit ihnen erlernen, um „selbst-bewusst" zu werden. Sie brauchen etwas, an dem sie sich orientieren können, wenn sie sich vielleicht gerade nicht gefragt fühlen, Selbstzweifel haben oder wenn sie sich selbst verletzen möchten, weil ihr Selbst bereits mehrfach verletzt wurde.

Wenn Jugendliche beginnen, sich mit ihrer Identität auseinanderzusetzen, ist es gut, wenn sie auf verschiedene Denk- und Gestaltungsmöglichkeiten zur Festigung ihrer Persönlichkeit zurückgreifen können. Das Material bietet die Möglichkeit, Lebensenttäuschungen und offene Fragen wahrzunehmen, sich aber auch kritisch mit Orientierungs- und Identifikationsangeboten auseinanderzusetzen und eigene Lebensdeutungen zu formulieren.

Neben Annäherungen an die Thematik „Selbstverletzung" kommen weitere Themen in den Blick: das Finden eigener Kriterien zur Lebensgestaltung, die Eigenliebe als eine Form der Nächstenliebe, Gestalten eines konstruktiven Mit- und Füreinanders und das Hineinstellen der eigenen Person in einen religiösen Lebenskontext.

Die Anerkennung eigener Grenzen und Gaben kann erfolgen, wenn Jugendliche den Aspekt der Gottebenbildlichkeit nicht als unerreichbare Vorlage oder gar Auflage verstehen, sondern als Chance zur Lebensorientierung wahrnehmen. In dieser Vorstellung tritt Gott in Beziehung zu seinem Ebenbild, das dann „trotz allem" formulieren kann:

Ich danke dir dafür, dass ich wunderbar gemacht bin, ...
das erkennt meine Seele wohl (Ps. 139, 14).

In diesem Sinne wünsche ich Ihnen und Ihren Schülerinnen und Schülern angeregte und ertragreiche Stunden.

Dr. Stefanie Pfister — im Advent 2008

Allein mit mir selbst

allein
mit mir
für mich
nur
mit mir
ohne andere
ohne alles

einsam?
abgeschieden?
verlassen?
frei?

allein

Reiner Andreas Neuschäfer

Nenne sieben Gründe, warum du gern mal mit dir selbst allein wärst:

1	
2	
3	
4	
5	
6	
7	

Was für mich von Bedeutung ist

Beantworte die folgenden Fragen so spontan wie möglich!

Woran ich gern denke ...

Woran ich nicht so gern denke ...

Was mich interessiert ...

Wie ich andere sehe ...

Was ich gern sehe ...

Worüber ich mich freue ...

Mit wem ich gern rede ...

Wofür ich mich engagiere ...

Woran ich leide ...

Was ich nicht ab kann ...

Welches Ziel ich habe ...

Wovon ich lebe ...

Welche Frage behagte dir am wenigsten? Warum?

Kontaktanzeigen

Sie, 14, mit viel sex. Erfahrung sucht Jungen, nicht jünger als 18, mit viel, viel Einfühlungsvermögen, Interesse an Sport und Pferden mit Führerschein und Spaß an Partys. Melde dich bald bei mir unter ...

Ich bin zwar etwas dick, aber sehr gemütlich und suche jemanden, mit dem ich reden und etwas unternehmen kann. Ich gehe gerne ins Kino, in Freizeitparks, in Restaurants und natürlich in die Disco. Außerdem schreibe ich gerne (SMS und E-Mails) und lese gerne (z.B. Deine Nachrichten.). Wie wär's? Ich freue mich auf deine Post.

Suchst du jemanden, der dir zuhören kann und ehrlich ist? Suchst du jemanden, der nicht nur an das *Eine* denkt? Suchst du einen treuen Brieffreund, der die Natur liebt und gern andere verwöhnt? Dann bist du bei mir richtig ...

Bei mir findest du alles, was du dir wünschst (und noch viel mehr dazu.). Ich lasse keinen deiner Wünsche offen und lese dir alles von deinen Augen ab. Garantiert. Ich mache alles, was du dir wünschst, und lasse nichts aus um dich glücklich zu machen. Denn ich bin genau der, auf den du schon dein Leben lang gewartet hast ...

Ich bin zwar klein, habe aber ein großes Herz für dich. Ich suche eine Freundin mit Sinn für Humor und tiefen Gedanken, die nicht zu groß ist und lange Haare hat...

Bewerte die Kontaktanzeigen (du solltest deine Bewertung begründen können!):

	total spannend	Hingucker	geht so	törnt ab
1				
2				
3				
4				
5				

Schreibe selbst eine Kontaktanzeige (auf einem Extra-Blatt). Versuche, dich positiv, aber ehrlich zu beschreiben. Benutze möglichst viele Adjektive.

Tauscht die Anzeigen in einer Kleingruppe aus und versucht herauszufinden, wer sie geschrieben hat. Woran habt ihr die Person erkannt?

Wie wäre die Welt ohne Spiegel?

Wozu dient dir der morgendliche Blick in den Spiegel? ....

Und nun stell dir vor: Es gibt keinen Spiegel – weder morgens im Bad noch auf dem Schulweg das spiegelnde Fenster noch Mutters Taschenspiegel ...

Wie überprüfst du dein Aussehen, was tust du, wie fühlst du dich ...?

Schreibe im Stil einer Traumreise ...

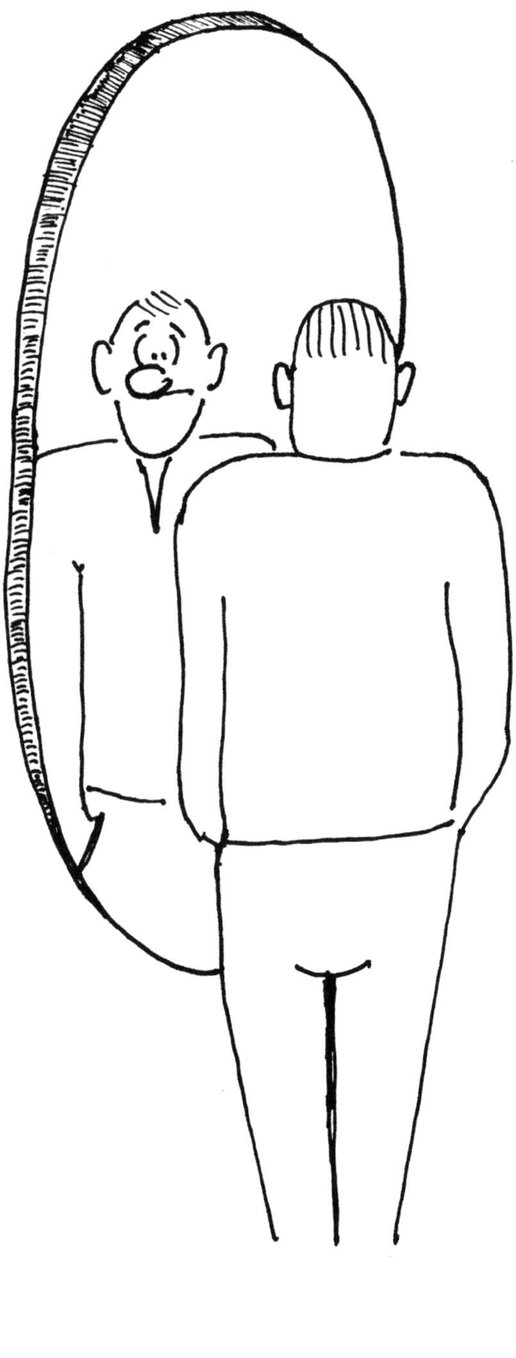

Mein Blick in den Spiegel – märchenhaft?

Der Blick in den Spiegel ist in Märchen, Filmen und Büchern auch immer ein Blick in das eigene Ich. Er symbolisiert ein tiefgründiges „Sich-selbst-erkennen-wollen".

Wenn eine Person in den Spiegel blickt, ist sie zumeist nachdenklich, sieht vergangene Wege und trifft neue Entscheidungen für die Zukunft.

Übrigens: die meisten Menschen verändern ihren Gesichtsausdruck, wenn sie in den Spiegel schauen ...

Nimm dir einen Spiegel und schreibe auf, was du denkst, wenn du dich selbst anschaust. Wage einen „Blick in dein Ich". Kannst du dein Ich erkennen?

Welche Entscheidungen deiner Vergangenheit haben **dein Ich (DIch)** geprägt? Was möchtest du ändern? Was gefällt dir?

Balance im Leben

„Alles im Lot?" – Dahinter steckt die Frage nach der Balance im Leben. Wie kriege ich die vielen Herausforderungen meines Alltags „auf die Reihe"? Bekomme ich trotz allem noch eine Ausgewogenheit hin?

Balancieren ist ja eine Kunst: Jeder Schritt kann den Fall bedeuten. Wer jedoch vorankommen will, muss Ungleichgewicht und Gleichgewicht gleichermaßen zulassen. Balance entsteht nur in der Bewegung, und nur wer die Bewegung riskiert, kann die Balance halten. Ohne das Risiko zu fallen geht es nicht voran. Balance „hat" man nicht. Sie geht immer wieder verloren. Im Wechsel von Gleichgewicht und Ungleichgewicht muss die Balance stets mit allen Sinnen austariert werden. Balance ist ein riskanter, dynamischer Prozess.

Bei der Balance geht es also darum, sich stets in neue Positionen zu begeben und dabei trotz Unsicherheiten Haltung zu wahren. Diese Lebenskunst stand in der Antike hoch im Kurs. Sie wurde von den Griechen „Ethik" (Ethos) genannt.

Balance ist ein Wechsel von Zuviel und Zuwenig, Macht und Ohnmacht, Gewinnen und Verlieren.

Balance bedeutet Entspannung und Mühe, Erholung und Leistung, Muße und Aktion, Genuss und Investition.

Vervollständige folgende Zeichnung und gib ihr einen Titel, in dem das Wort „Balance" vorkommt:

Hier kann ich endlich abschalten und Ich sein ...

Beschreibe das Bild und die Stimmung. Wo würdest du gern sein, wenn dies deine Band aller Bands wäre? Begründe.

Warum ist es dir wichtig, bei einem Konzert deiner Lieblingsband life dabei zu sein und nicht nur deinen MP3-Player einzuschalten?

Formuliere mindestens drei Sätze, die so beginnen:

Ich kann beim Konzert abschalten, weil ...

Ich brauche die Stimmung und die Musik, weil ...

Ich kann dort völlig Ich selbst sein, weil ...

Wen würdest du auf keinen Fall zu diesem Konzert mitnehmen wollen? Wie fühlst du dich, wenn deine Freundin/dein Freund die Songs deiner Lieblingsband ständig kritisiert?

Schreibe auf die Rückseite dieses Arbeitsblattes einen Dialog zwischen dir und deiner Freundin zu diesen Fragen.

Eigenlob stimmt?

Viele kennen die Schwierigkeit, sich selbst positiv darzustellen. Wer lobt schon sich selbst? Lieber geben sich die meisten bescheiden. Sie können sich kaum vorstellen, von anderen Menschen geschätzt zu werden.

Üben wir es also: in Gruppen von jeweils 6 bis 8 Schülern/-innen!

Zunächst einmal bekommt jede/r von euch so viele Haftnotizzettel, wie die Anzahl der Gruppenmitglieder beträgt.

Dann schreibt jede/r zu jedem Schüler/jeder Schülerin eine Eigenschaft auf den Zettel, die er/sie an ihm oder ihr besonders schätzt bzw. für die er/sie dankbar ist.

Wenn alle mit Schreiben fertig sind, stellt sich einer nach dem anderen in die Mitte und ihr klebt eure Zettel dem entsprechendem Gruppenmitglied auf den Rücken.

Wenn alle in der Mitte waren, nimmt jede/r die eigenen Zettel und schreibt die ihm zugeschriebenen Eigenschaften als Ranking auf (die Eigenschaften, die öfter genannt werden, kommen nach oben).

Nun hat jede/r einige Minuten Zeit, eine kurze Lobrede auf sich selbst vorzubereiten. Mit folgenden Worten fängt sie an:

Ich heiße ______________, bin ______ Jahre alt, gehe in die Klasse ______.
Ich zeichne mich besonders durch folgende positive Eigenschaften aus, die meine Mitschüler und Mitschülerinnen besonders an mir schätzen:

Darüber hinaus bin ich noch dankbar für …

Ehrensache. Ehrenwort. Ehrlich ...

Dein Leben lebt auch von Ehren und Ehrungen. Erinnerst du dich daran, was du beim Sportfest der Schule gespürt hast, als andere eine „Ehrenurkunde" erhielten und du „nur" eine Siegerurkunde? Oder war es anders? Super Sportler bekommen Medaillen umgehängt, verdiente Bürger erhalten Verdienstkreuze, Jubilare werden ausgezeichnet. Auf Auszeichnungen aus sind nicht nur ältere, erstaunlich sportliche oder mutige Menschen. Anerkennung ist dem Menschen quasi schon in die Wiege gelegt. Anerkennung, Achtung und Applaus spielen bereits bei kleinen Kindern eine wichtige Rolle. Und das geht immer weiter so. Bis zum Lebensende. Und in den Zehn Geboten werden Eltern aufgefordert, wiederum *ihre* Eltern zu ehren.

Also: von Anfang an: Anerkennung. Bis zum Ende: Ehre.

Dagegen ist nichts einzuwenden. Doch wenn dir das Leben nur noch dann gefällt, wenn es anderen auffällt und sie Beifall klatschen, dann läuft da etwas schief.

Erinnerst du dich an dein erstes Mal – als du geehrt oder gelobt wurdest? Und wann hast du das zuletzt mal erlebt?

....

....

Wofür würdest du dich selbst loben, aber bisher hat dies noch niemand mitbekommen?

Wie kann man sich ohne Anerkennung anderer dennoch *ausgezeichnet* fühlen?

Welches Wort fällt dir am meisten auf?
Welches Wort gefällt dir?
Markiere diese in einer
für dich typischen Art und Weise.

Geehrt, geachtet, bejubelt, anerkannt, geschätzt, berühmt, verehrt, gefeiert, bewundert, bekannt, bevorzugt, verwöhnt gelobt, beneidet, geliebt ...

Mein Lebens-Puzzle

Manchmal meine ich: Mein Leben ist wie so ein Puzzle, das ich manchmal gern und manchmal überhaupt nicht gern gespielt habe. Ab und zu kam ich schnell voran. Doch manchmal war es ganz schön quälend. Und wenn ich mit einem anderen gemeinsam gepuzzelt habe, dann war ich erstaunt, dass die das viel besser hinbekam als ich. Ich hatte meistens weniger Glück ... So wie im richtigen Leben.

Manchmal meine ich: Mein Leben ist wie so ein Puzzle.
Da gibt es Teile, die gehören zu meiner Vergangenheit.
Und es gibt Teile, die gehören mehr zum Jetzt und Hier.
Und beide Arten von Puzzle-Teilen teilen mein Leben.
Und gehören beide irgendwie auch zusammen.
Das eine nicht ohne das andere.

Manchmal meine ich: Mein Leben ist wie so ein Puzzle.
Die meisten Teile liegen irgendwie noch total durcheinander.
Manche sogar noch mit der Bildfläche nach unten. Ich weiß nicht, wie das Ganze einmal aussehen wird – mein Leben.
Nur nach und nach fügt sich eins in das andere Teil.
Und alles wird mehr und mehr zu einem klaren Bild.

Manchmal meine ich: Mein Leben ist wie so ein Puzzle. Hängt denn alles von der Puzzle-Vorlage ab? Steht schon von vornherein fest, wie mein Leben einmal aussehen wird? Gibt es von Anfang an einen unveränderlichen Plan für mein Leben?
Was ist, wenn ich einmal zwei Teile zusammenfüge – und dann stellt sich heraus: Die passen gar nicht zusammen?

Unterstreiche die Sätze und Worte im Text, die dir am wichtigsten vorkommen.
Schreibe ein Elf-Wort-Gedicht über das Leben als Puzzle:

____

__________ __________

__________ __________ __________

__________ __________ __________ __________

____

Was mich zufrieden macht ...

Es macht mich schon zufrieden, dass du mich liebst.
Ich freue mich über das, was du mir gibst.
Ich weiß, manchmal steht es mir nicht zu -
und du schenkst es mir dennoch – so viel Gnade hast du.
Ich glaube an dich, auch deshalb geht es mir gut
und gebe Liebe weiter, die auch andern guttut.
Das Böse zu meiden, darauf geb' ich gern Acht,
denn du bist das, was mich zufrieden macht.

Leonhard Sch., 15 Jahre

Auf die Frage „Was macht dich zufrieden?" wählte Leonhard die Form eines Gebets, das sich reimt. Könnte das auch ein Gebet für dich sein? Was gefällt dir? Was findest du befremdlich?

Antworte mit eigenen Worten: Was macht dich zufrieden?

Ich bin doch was. Bin ich wer?

Ein Kind und seine Tante treffen sich.

Die Tante: „Na, was soll aus dir denn mal werden?"

Das Kind: „Gar nichts – ich bin schon was."

Spielt die Szene nach und führt gemeinsam den Dialog fort.

Suche dir zwei zufällige Mitspieler/innen und fülle mit ihnen gemeinsam die folgende Tabelle aus. Dabei muss jede(r) mit allen Antworten einverstanden sein.

Das mögen wir alle drei: 1. .... 2. .... 3.	
Das mögen wir alle drei überhaupt nicht: 1. .... 2. .... 3.	
Darin unterscheiden wir uns:	
Name:	Ich bin anders, denn ich ...
Name:	Ich bin anders, denn ich ...
Name:	Ich bin anders, denn ich ...

Was war überraschend? Hast du etwas Neues erfahren? Wie beeinflusst dieses Wissen deine Einstellung zu dir/zu anderen?

Heute schon gelebt?

Kommentiere den Cartoon. Wie sieht deine Vorstellung vom Leben aus? Wie wichtig sind für dich Gestern, Heute und Morgen?

„Gestern ist Geschichte, morgen sind Gerüchte und heute ist ein Geschenk. Genieß es."

Schreibe fünf Minuten lang – schweigend und ohne den Stift abzusetzen – auf, was dir zu diesem Spruch einfällt.

Spurenvoll: mein Schuletui

Vor mir liegt mein Federmäppchen aus meiner Schulzeit. Ich kann mich noch genau an jedes Wort erinnern, wie es da draufgeschrieben wurde. Da sind die Unterschriften meiner Freundinnen, lustige Zeichnungen, schöne Daten, die Postleitzahl meines Lieblingsortes, Französischvokabeln und einige binomische Formeln. Oh, wie ich Mathe hasste! Aber die Formeln haben mir geholfen ...

Auch der Name meines damaligen Schwarms findet sich - mit einem Herzen umrahmt. Und dann sieht man noch einen schwarzen Balken: Darunter war der Name eines Jungen, der mich total enttäuscht hat. Ich kann mich immer noch an den Schmerz erinnern, als ich den Namen fett durchstrich. Ein anderes Etui wollte ich mir aber nicht kaufen, eher ließ ich den hässlichen Balken stehen und gewöhnte mich langsam daran.

Und noch etwas sehe ich: das Zeichen eines Fisches, der für mich damals schon das Symbol war für den Glauben an Gott. Dieser Glaube hat mich begleitet und ist mir immer noch wichtig.

Irgendwie steht das Etui für mein Leben, für meine Freunde, für Freude, Schmerz und Hoffnung. Einiges ist verblasst, anderes bis heute erhalten.

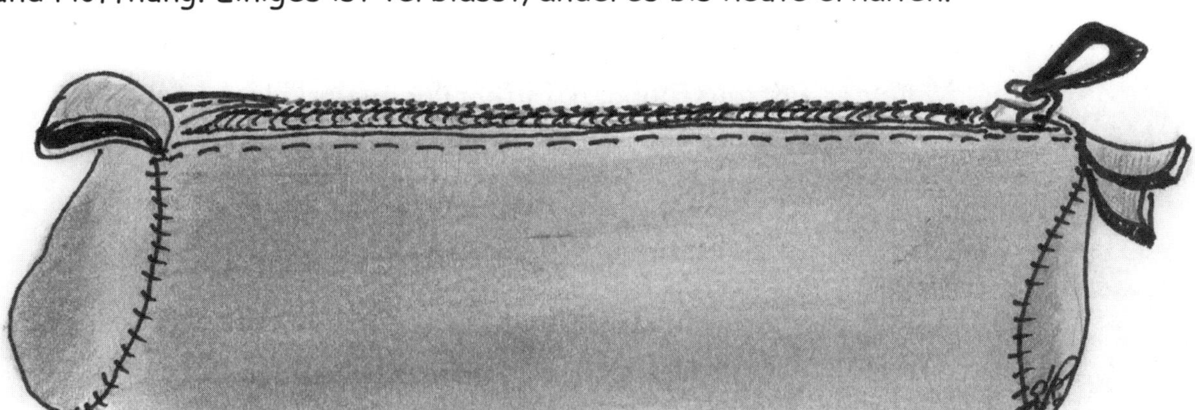

Was gehört auf dein Schuletui? Zeichne ab, was drauf ist – oder schreibe neu, was augenblicklich bei dir „dran“ ist.

Mein Lebensrucksack

Stell dir vor, du gehst mit einem „Lebensrucksack“ auf dem Rücken durch das Leben. Dieser Rucksack ist nicht immer deutlich zu sehen. Manchmal ist er leicht wie ein Luftballon; manchmal aber wiegt er tonnenschwer.

Was könnte in diesem „Lebensrucksack“ enthalten sein? Was sind die Dinge, die dich immer begleiten, egal ob du es wahrnimmst oder nicht? Bedenke die folgenden Beispiele und Fragen.

Herkunft und Familiensituation hinterlassen Spuren. Stehst du deinen Eltern allein gegenüber? Bist du das älteste, mittlere oder jüngste Kind? Welche Eigenschaften hast du von wem geerbt?

Dein Elternhaus lässt dich nicht los. Was hatten deine Eltern für ein Zuhause? Wie sind deine Eltern? Vielleicht gibt es eine Art „Familienmotto“?

Manchmal schleppst du Erinnerungen an Menschen oder Dinge mit dir herum, ohne es zu merken. An wen bist du gedanklich gebunden? Wer beeinflusst deine Gedanken?

Welche Enttäuschungen, Erfahrungen und Unsicherheiten hast du erlebt? Was klebt an deiner Seele, so dass du nicht frei atmen und leben kannst?

Wer oder was hat dich immer beschützt? Wovor wurdest du bewahrt? Wann war der Schutz übertrieben? Wann wolltest du mehr Freiheiten?

Male deinen persönlichen Lebensrucksack auf die Rückseite dieses Blattes. Finde dabei eigene Symbole.

Welche Ideen hast du, mit so einem Lebensrucksack umzugehen?

Sich selbst einschätzen, schätzen, verschätzen …

„Ein Teil von mir vermutet, dass ich ein Versager bin,
aber der andere Teil denkt, ich sei der allmächtige Gott."

John Lennon

9.10.1940-8.12.1980

Was schätzt du an dir? Wie schätzt du dich ein?

Hast du dich schon mal verschätzt, wenn es um dich, deine Art ging? Erzähle:

Verändere den Spruch von John Lennon mit eigenen Einschätzungen:

Ein Teil von mir vermutet, dass ich .... bin,

aber der andere Teil denkt, ich sei ....

Was verändert sich, wenn die Außenansicht in den Blick kommt:

Manche Menschen vermuten, dass ich .... bin,

aber andere Menschen denken, ich sei ....

Du bist du ...

1. Vergiss es nie: Dass du lebst, war keine eigene Idee,
und dass du atmest, kein Entschluss von dir.
Vergiss es nie: dass du lebst, war eines anderen Idee,
und dass du atmest, sein Geschenk an dich.

2. Du bist gewollt, kein Kind des Zufalls, keine Laune der Natur,
ganz egal, ob du dein Lebenslied in Moll singst oder Dur.
Du bist ein Gedanke Gottes, ein genialer noch dazu.
Du bist du, das ist der Clou - ja der Clou. Ja, du bist du.

3. Vergiss es nie: Niemand denkt und fühlt und handelt so wie du,
und niemand lächelt so, wie du's grad tust.
Vergiss es nie: Niemand sieht den Himmel ganz genau wie du,
und niemand hat je, was du weißt, gewusst.

Gib die Aussagen des Liedes mit eigenen Worten wieder (pro Strophe ein Satz):

1	
2	
3	

Welche „Noten" hat denn dein Lebenslied? (Beschrifte!)

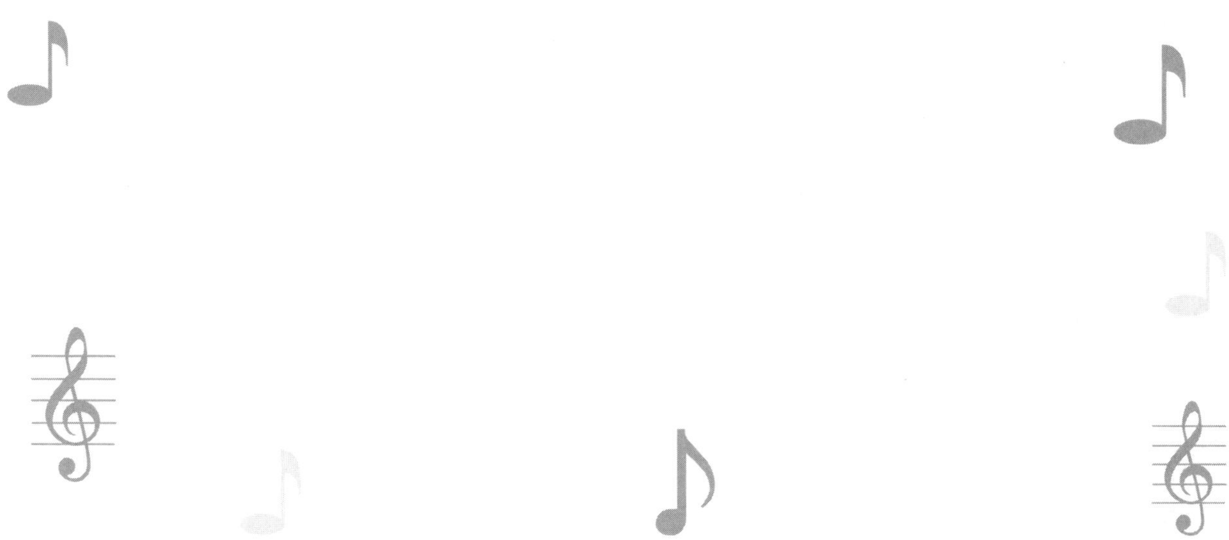

Mehr als ich ....

Es ist schwer, dabei zu stehen und zuzusehen,
wie ein anderer geliebt wird – mehr als ich.

Es ist nicht leicht sich zu freuen,
wenn ein anderer besser abschneidet als ich.

Da muss man manchmal ganz schön stark sein.

Erzähle ein Beispiel – ein eigenes, ein fremdes oder ein ausgedachtes:

Was hilft gegen Eifersucht? Bewerte die folgenden „Heilmittel" und ergänze:

	Hilft wenig	Hilft oft	Hilft immer
Kräftig schimpfen			
Den Konkurrenten schlecht machen			
Sich verkriechen			
Sich trösten lassen			
Beten			
Es nicht so wichtig nehmen			
Sich klarmachen, was man alles kann			
Wissen, dass man unverwechselbar ist			

Druck-reif?

Ich bin jetzt 15 Jahre alt, besuche die 9. Klasse und habe einfach nur noch Angst, zur Schule zu gehen. Dies fing vor ungefähr einem Jahr an, als die Schule begann, immer schwieriger zu werden. Ich war eigentlich immer eine recht gute Schülerin und auch auf dem Halbjahreszeugnis der 9. Klasse war mein Schnitt okay (sogar in Mathe, Chemie und Physik eine 2), doch auch da hatte ich schon des Öfteren Angst, es einfach nicht mehr zu schaffen, irgendwo zu versagen und eine 4 oder so zu schreiben.

Damals fühlte ich mich stark von meiner Mutter und meinem Opa unter Druck gesetzt. Heute weiß ich, dass ich mir diesen ständigen Druck selbst mache, dass niemand außer mir so viel von mir verlangt. Auch weiß ich, dass ich Sprüche wie „Du schaffst das schon" immer wieder falsch auffasse, indem ich dann denke: „Ja, toll, ihr erwartet also alle wieder, dass ich eine 1 (bzw. in den naturwissenschaftlichen Fächern ,ne 2) schreibe."

Ich fühle mich oft alleingelassen und erzähle allen möglichen Müll (oft auch total Negatives), nur um auf mich aufmerksam zu machen. Nachts kann ich nicht schlafen, da ich immer an den bevorstehenden Schultag denken muss. Auch überlege ich, ob ich nicht irgendetwas vergessen habe oder ob ich noch etwas verbessern könnte.

Es ist aber NICHT so, dass ich zu den Schülern gehöre, die immer Hausaufgaben haben. Klar mache ich sie meistens, aber wenn ich keine Lust hab, geht's mir auch mal, Entschuldigung, am Arsch vorbei. Irgendwie passt das doch alles nicht zusammen.

Bitte, sagt, was ich tun kann, ich kann und will nicht mehr unter diesem ganzen Druck leben. Wozu auch? In dieser Scheiß-Leistungsgesellschaft zählt ja eh nicht mehr der Charakter eines Menschen …

Im Chat entdeckst du dieses SOS. Antworte kurz und knapp:

Prüfet alles …

„Prüfet alles, und das Gute behaltet"

Paulus (1 Thessalonicher 5,21)

Kommentiere:

Was war deine bislang schwierigste Entscheidung in deinem Leben?
Im Rückblick: Hast du richtig entschieden?

Wie bist du zu dieser Entscheidung gekommen? Wer oder was hat dir geholfen?

Immer im Kreis ... (I)

Im Kreisverkehr hat man immer Vorfahrt (wenn nicht anders geregelt).

Im Kreis zu fahren – wer darauf abfährt, kann kaum aufgehalten werden. Aber er kommt auch nie weiter und nie an.

Manchmal kommt mir mein Leben wie so ein Kreisverkehr vor: Ich komme weder weiter noch komme ich an. Und, ehrlich: Ich gebe mir manchmal auch gar keine Mühe, das zu ändern.

Ich mache immer die gleichen Fehler, tappe unentwegt in die gleichen Fettnäpfchen ...

Aber wenn ich weiterkommen will, dann sollte ich diesen Kreisverkehr wieder verlassen. An der richtigen Stelle. Doch das ist leichter gesagt als getan. Wie komme ich da raus? Wie kann ich aussteigen?

Kommentiere:

Seh(n)sucht

Sehnsucht ist wie eine Brücke zwischen Wirklichkeit und Wunsch. Sehnsüchte zeigen mir, wo meine Wünsche und Träume ein Zuhause haben. Und sie zeigen mir, wie ich dorthin kommen kann.

Meine Sehnsucht kann die Triebfeder sein, mit Mut und Vertrauen an meine eigenen Wünsche heranzugehen. Sehnsucht kann mich kreativ machen, aber auch in Frust, Schmerz und Verzweiflung münden: Wenn mir das Ziel unerreichbar scheint, kann Sehnsucht ein Kampf gegen Windmühlen sein.

Gestalte ein Sehnsuchtsbild, z.B. mit Zeitungsausschnitten, -ausrissen, Farben, Wörtern und Symbolen.

Magersucht – Sehnsucht (1)

Marlene, du warst noch vor einem Jahr extrem magersüchtig. Kannst du bitte erklären, was das genau bedeutet.

Dies bedeutete, dass ich den ganzen Tag darauf achtete, nicht zuviel zu essen. Zum Beispiel zählte ich ständig die Kalorien, trank nur Wasser und trieb stundenlang Sport, um mein überschüssiges Fett zu verbrennen. Ich war sehr diszipliniert und schaffte es, mit einem Brötchen und ein wenig Gemüse den ganzen Tag auszukommen. Ich wog mich mehrmals am Tag … Ich war stolz darauf, wenn meine Freunde mir sagten, dass ich noch mehr abgenommen hatte.

Wie hat das angefangen?

Ich war 14, als ich anfing, mit einer Freundin eine Diät zu machen. Es bereitete mir sehr viel Freude, viel und schnell abzunehmen, und ich konnte es nicht verstehen, wenn meine Freundin ständig Rückschläge erlitt. Bald merkte ich, dass ich endlich Aufmerksamkeit bekam, weil sich einige in der Schule Sorgen machten. Meine Eltern merkten natürlich alles als Letzte, sie haben mir auch vorher nie viel Zeit geschenkt … Ich fühlte mich immer schon überflüssig, ungewollt und wollte aus ihrem Leben verschwinden, ich störte ja sowieso.

Was spielte sich in deinem Kopf ab, wenn du hungrig einschliefst oder stundenlang joggtest? Was wolltest du damit ausdrücken oder erreichen?

Mir gefiel es, wenn mein Magen knurrte, das zeigte mir, dass ich an diesem Tag diszipliniert war. Ich war stolz, dass ich mir eisern etwas vornehmen und es auch schaffen konnte. Dann war ich stärker als alle anderen. Ich hatte Macht über die Menschen, die mich anflehten, endlich wieder etwas Vernünftiges zu essen. Ich wollte mit meinem Essverhalten erreichen, dass sich mir endlich jemand im Leben zuwenden würde, dass mir jemand zeigte, wofür es sich zu leben lohnt.

Woher kam deine Hilfe?

Nachdem ich im Sportunterricht mehrmals zusammenbrach, überwies mich mein Hausarzt in eine Fachklinik. Dort bin ich seit einem Jahr und ich habe auch schon wieder etwas zugenommen. Denn hier bekommen wir regelmäßiges Essen vorgesetzt und es wird genau kontrolliert, dass wir unseren Teller leer essen. Wir werden auch regelmäßig gewogen und müssen sogar zunehmen, sonst dürfen wir am Wochenende nicht ausgehen. Parallel besuche ich eine Gruppen- und eine Einzeltherapie, hier erzähle ich, wie es zu meinem gestörten Essverhalten kam. Zweimal waren auch schon Familiensitzungen angesagt, aber meine Eltern sehen immer noch nicht ein, dass sie eventuell auch mitschuldig sind … Doch auch ohne ihre Hilfe sehe ich das Leben langsam als lebenswert an, ich habe hier neue Freunde gefunden, wir kämpfen gemeinsam.

Magersucht – Sehnsucht (2)

Magersucht (Anorexie, Anorexia nervosa) ist eine krankhafte Essstörung, deren Anzeichen vor allem Hungern, Gewichtsabnahme und extreme Gewichtskontrolle sind. Wörtlich übersetzt bedeutet Anorexie „Appetitverlust" - eine irreführende Bezeichnung, da nicht unbedingt der Appetit, sondern in erster Linie das Essverhalten gestört ist. Der Zusatz „nervosa" weist auf die seelischen bzw. psychischen Ursachen der Essstörung hin.

Unter der Krankheit Magersucht leiden nicht nur Mädchen und Frauen, sondern auch Männer und Jungen. Hinter einer Magersucht stecken zwischenmenschliche Konflikte, gestörte Selbst- und Fremdwahrnehmungen und Sehnsüchte. Dem sollte man auf die Spur kommen – mit fachlicher Unterstützung.

Viele Menschen mit Essstörungen verletzen sich auch selbst. Etwa 15 % aller Erkrankten sterben letzten Endes an Magersucht oder ihren Begleiterscheinungen.

Woran lag es, dass Marlene magersüchtig wurde? Schreibe Satzbruchstücke und Worte aus dem Interview heraus:

Schicke Marlene eine E-mail in die Klinik:

Ritzen - wenn Körper und Seele zum Feind werden

Tagebucheinträge von Kathrin (13 Jahre)

11.12.2008

Schon wieder habe ich es getan. Ich wollte es nicht, aber es ging nicht anders. Ich hatte solch einen Stress in der Schule, dann Streit mit meiner Mutter und dann musste ich wieder daran denken, was mein Onkel mir letzen Monat angetan hat. Ich kann nichts gegen die Erinnerungen machen. Sie kommen immer hoch, wenn ich allein bin und wenn ich mich aufrege. Wenn ich anfange zu zittern und in mir die peinlichen Erinnerungen hochsteigen, dann beruhigt mich nur eins: wenn ich mich mit einer Rasierklinge berühre und in meine Haut schneide. Meistens reichte bisher ja nur ein kleiner Schnitt, heute musste ich aber ein wenig tiefer ritzen als sonst. Erst als das Blut warm und ruhig über meine Beine floss, konnte ich mich zurücklehnen und alle Erinnerungen vergessen. Es tat so gut.

18.12.2008

Mama hat heute gefragt, was ich für Verletzungen an meinem Oberschenkel habe. Ich habe ihr was von einem Sportunfall erzählt. Ich muss vorsichtiger sein. Sie darf es nicht merken. Aber ich kann es einfach nicht lassen. Mir geht es so gut, wenn ich mich selbst verletze, alles ist leichter zu ertragen, meine Ängste verschwinden und ich fühle mich einfach nur ruhig. Erst danach kann ich abends einschlafen.

8.1.2009

Ich habe heute sogar in der Schule geritzt und ich glaube, dass es einige aus meiner Klasse mitgekriegt haben. Aber ich kann auch nichts dazu. Die blöde Meier hat mich im Unterricht voll angefaucht, warum ich meine Hausaufgaben nicht gemacht habe. Als ob das das Wichtigste auf der Welt wäre. Dann bin ich aufs Klo gegangen, aber nicht zum Heulen. Nein, ich bin nicht schwach. Ich habe einfach meinen Füller mitgenommen und mit aller Kraft und Wut in meinen Oberarm gestochen. Das tat echt gut. Leider konnte ich das nicht so gut verstecken wie sonst und mein Ärmel war ein wenig blutig. Als ich wieder in die Klasse kam, habe ich rumgestottert, dass ich ausgerutscht bin. Sonja hat mich ganz komisch angeguckt und mit Iris geflüstert. Es war so ein Scheißtag, dass ich nun überlege, was ich heute zum Einschlafen brauche …

Informiere dich im Internet zu den Begriffen „Ritzen, selbstverletzendes Verhalten".

Suche Beratungsstellen, Kliniken oder Hilfsangebote in deiner Nähe heraus.

Schreibe Kathrin einen Brief (Extra-Blatt): Schreibe ihr, an wen sie sich wenden kann, und mache ihr Mut.

Sich selbst verletzen (1)

Sinja (15) hat sich schon oft geritzt. Ihre Mutter meldet sie schließlich zu einer Beratung an. Sinja findet den Gedanken daran albern. Sie glaubt, dass sie nichts Ernstes hat. Ihre Mutter lässt jedoch nicht locker. Nun sitzt Sinja im Vorraum der Therapeutin. Vor dem Gespräch füllt sie einen Fragenkatalog aus.

- Warum hast du das Gefühl, dich verletzen zu müssen?
- Wann entsteht das Gefühl immer?
- Was hat du früher gemacht, wenn du dieses Gefühl hattest (als du dich noch nicht selbst verletzt hast)?
- Was fühlst du genau in dem Moment, in dem du dich verletzt?
- Wie fühlst du dich direkt anschließend?
- Wie fühlst du dich am nächsten Tag?
- Welche andere Lösung könnte es geben, anstatt dich selbst zu verletzen?
- Musst du dich selbst verletzen?

Wie könnten Sinjas Antworten ausfallen? Diskutiere mit einem Mitschüler oder einer Mitschülerin.

Nachdem Sinja den Fragenkatalog beantwortet hat, wird sie in das Zimmer der Therapeutin gebeten. Diese liest sich die Antworten aufmerksam durch. Dann sprechen sie gemeinsam über Sinjas Gründe, sich selbst zu verletzen. Sinja gefällt es, dass sie ernstgenommen wird und dass ihr keine Vorwürfe gemacht werden. Und natürlich auch: dass sich alles um sie dreht …
Nach einigen Gesprächsterminen hat Sinja verstanden: Sie verletzt durch das selbst verletzende Verhalten langfristig auch ihre Persönlichkeit, ihre Seele. Sie möchte lernen, mit Stresssituationen anders umzugehen. Aber sie möchte (noch) nicht darauf verzichten, sich Schmerz zuzufügen. Sie schreibt: „Wenn das Gefühl auftaucht, dass ich mich selbst verletzen möchte, könnte ich …"

… eiskalt duschen, … eine scharfe Peperoni essen, … eine Zeitung zerreißen, … die ganze Wohnung putzen, … eine Stunde joggen …

Wie findest du diese Strategien? Welchen Vorteil haben sie gegenüber dem Ritzen? Warum ist damit das Therapieziel noch nicht erreicht?

Sich selbst verletzen (2)

Sinja ist stolz auf sich. Sie hat es schon dreimal geschafft, die Wellen der negativen Gefühle, die so intensiv auf sie zurollten, zu überstehen, ohne sich zu ritzen. Das Beste ist: Sie fühlt sich anschließend nicht schuldig, sie muss sich nicht rechtfertigen oder ihre Wunden verstecken. Doch ihr ist auch klar: Diese Maßnahmen werden nicht die Wurzeln ihrer Selbstverletzung heilen. Dennoch kann sie mit schwierigen Situationen und Problemen nun besser umgehen.

Nach einigen Monaten erarbeit Sinja weitere Ideen, denn sie möchte auch auf die „Ersatzschmerzen" verzichten lernen: „Wenn das Gefühl auftaucht, dass ich mich selbst verletzen möchte ..."

... zünde ich eine Kerze an und schaue lange in die Flamme, ... dusche ich angenehm warm, ... schmiere ich Massageöl auf die Stelle, an der ich mich verletzen möchte, ... schreibe ich auf, was ich fühle, ... esse ich ganz langsam ein Stück Schokolade, ... male ich mich selbst und berühre anschließend vorsichtig das Bild, ... bemale ich meinem Körper mit einem bunten Muster ...

Was hat sich an Sinjas Maßnahmen geändert? Und: Warum können diese Maßnahmen erst an dieser Stelle funktionieren?

Sinja schreibt fortan Tagebuch, wenn sie sich ritzen möchte. Sie schreibt zum Beispiel:

So ein Stress: ...
Ein schwarzer Tag: ...
Mann, wie peinlich ...

Mein Ich in einer Schublade? (1)

Mein Name

Wer bin ich?
Andere
haben mich einsortiert
nach Alter und Geschlecht,
Größe, Gewicht und Haarfarbe,
Wohnort und Konfession,
Herkunft, Vorbildung und Beruf,
nach Steuerklasse und Vorstrafen,
nach Aussehen und Auskommen
und Hobbys, wie sie das nennen.

Ich bin registriert,
festgehalten in Karteien,
meine Einkünfte sind erfasst,
meine Daten gespeichert,
meine Einstellung ist bekannt,
ich bin eingestuft,
ich lebe in Schubladen.

Du Herr,
weißt, wer ich bin.
Du rufst mich leise
bei meinem Namen.

Lothar Zenetti*

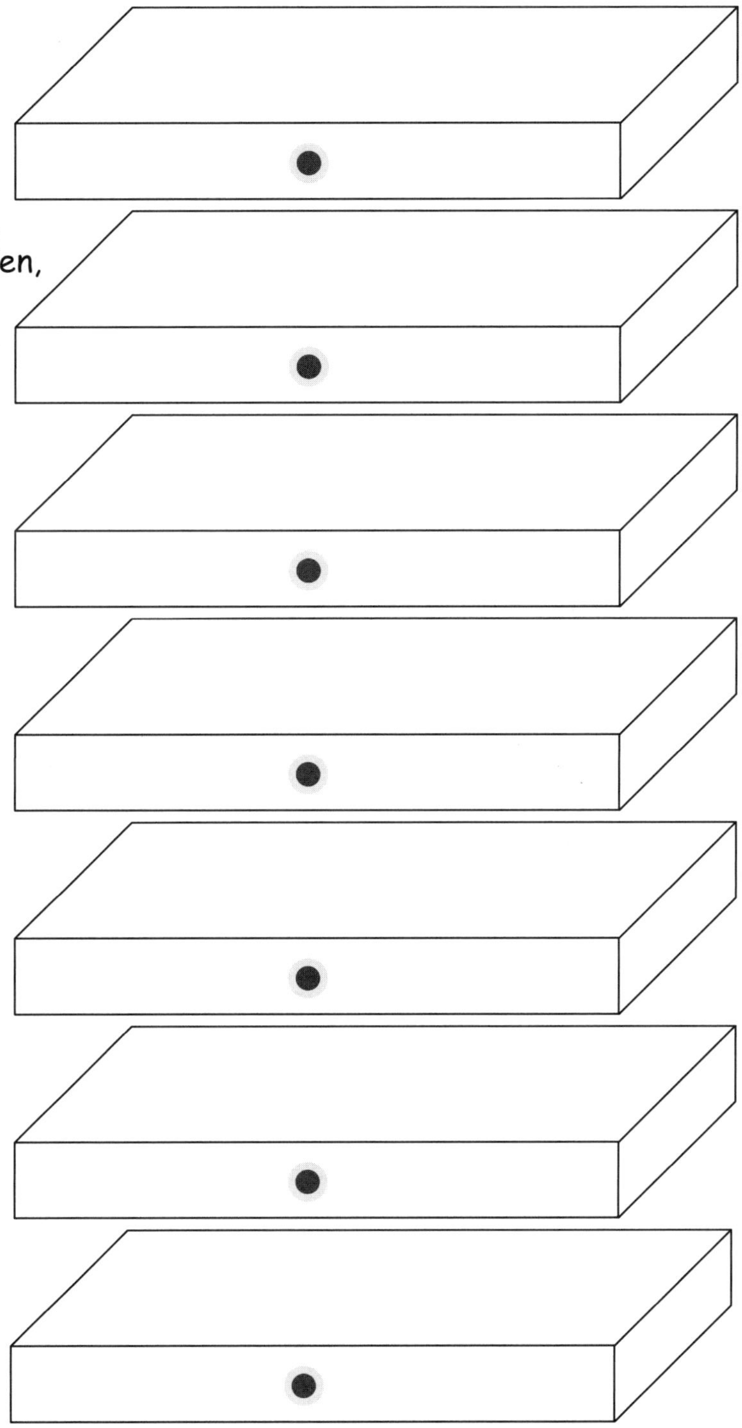

Und in was für
Schubladen
steckst du?
Beschrifte sie ...

* Aus: Gabriele Miller: Ob du mich hörst? Gebete, München: Kösel 2000, S. 22.

Mein Ich in einer Schublade? (2)

Stefanie, 14 Jahre alt,
geht in die neunte Klasse.

Ihr Vater sagt: Stefanie ist sehr selbstständig.
Ihre Schwester Anne sagt: Stefanie ist sehr frech geworden.
Ihre Schwester Jane sagt. Steffi ist viel zu ernst.
Ihre Oma sagt: Das Kind ist aber fleißig.
Ihr Klavierlehrer sagt: Stefanie sieht alles viel zu locker.
Ihre Freundin sagt: Stefanie ist einfach nur verrückt.
Ihr Mathelehrer sagt: Stefanie ist viel zu übermütig.

Aber wie ist Stefanie in Wirklichkeit?

Stefanie Pfister (1990)

→ Und wer sagt was über dich? Fülle aus:

Ich heiße .... , bin .... Jahre alt
und gehe in die .... Klasse.

	sagt:	
	sagt:	
	sagt:	
	sagt:	
	sagt:	
	sagt:	
	sagt:	

Wert-voll und Sinn-voll (1)

„Hoffentlich sind die ihr Geld wert!!!"

Was geht dem Spieler mit der 2 durch den Kopf?

Und was dem Zuschauer oben links in der Ecke?

Wert-voll und Sinn-voll (2)

„Wenn das Leben seinen Sinn verloren hat,
so muss es doch vorher sinnvoll gewesen sein."

Kommentiere ... – Wem könnte dieser Satz möglicherweise helfen?

Wo warst du glücklich?

Was hast du besonders drauf?

Was willst du noch erleben?

Wer braucht dich?

Wo fühltest du dich sicher und geborgen?

Such dir eine dieser Fragen im Kasten aus und beantworte sie dir (oder einem Partner).

Beschreib eine Zeit in deiner Kindheit, die du niemals missen möchtest und von der du deinem Freund/deiner Freundin mit strahlenden Augen erzählen könntest.

Wo hat dir etwas oder jemand so viel Kraft gegeben oder Mut gemacht, dass du auch noch in schwierigen Zeiten davon zehren kannst?

Ein Lächeln

A smile
costs nothing, but gives much.
It enriches those who receive,
without making poorer those who give.
It takes but a moment,
but the memory of it sometimes lasts forever.
None is so rich or mighty that he can get along without it,
and none is so poor that he cannot be made rich by it.

A smile
creates happiness in the home and is the countersign of friendship.
It brings rest to the weary,
cheer to the discouraged,
sunshine to the sad,
and it is nature's best antidote for trouble.
Yet it cannot be bought, begged, borrowed, or stolen,
for it is something that is of no value to anyone until it is given away.
Some people are too tired to give you a smile.
Give them one of yours,
as none needs a smile so much as he who has no more to give.

Autor unbekannt

Lies den Text und trage in den Smiley ein: Welche Kraft hat ein Lächeln?

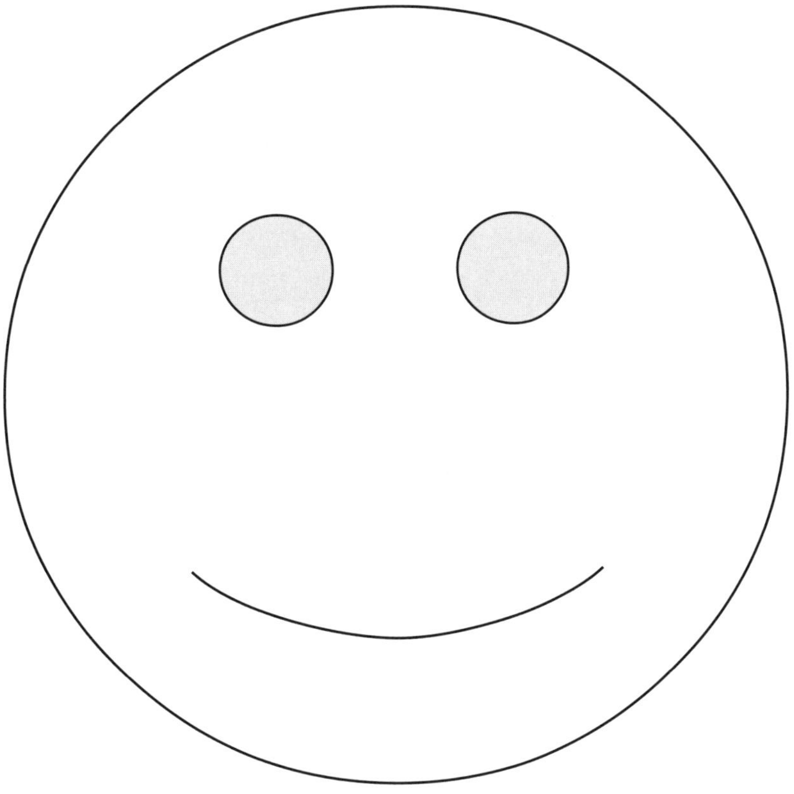

Einfach jetzt losballern ...

Thomas ist am liebsten allein. Der Umgang mit Mitschülern strengt ihn an. Ihn nerven Menschen und besonders seine Familie. Er hasst es, sich zu unterhalten, und zieht sich am liebsten in sein Zimmer zurück. Nur mit Jörg trifft er sich, dann tauschen sie die neusten PC-Spiele aus.
Thomas ist richtig gut beim Spielen, besonders wenn er eine großkalibrige Waffe in der Hand hält. Dann fühlt er sich stark und bahnt sich seinen Weg. Ihm gefällt es, wie schnell Menschen erledigt sind ...
Auch in der Schule übt Thomas in Gedanken immer wieder die verschiedenen Stellen in seinem Lieblingsspiel. Manchmal denkt er dann: „Wenn ich jetzt wirklich ein Waffe hätte, das wäre cool. Ich könnte mitten im Unterricht losballern...". Aber dann reißt ihn die Stimme der Lehrerin aus seinen Gedanken und er merkt, dass er statt einer Waffe nur den Stift in der Hand hält.

Hat Thomas ein Problem? – Entwickle ein Gespräch – wahlweise a), b) oder c):

a) Die Mutter von Thomas spricht mit einer Nachbarin
b) Ein Lehrer spricht mit Thomas
c) Du sprichst mit Thomas

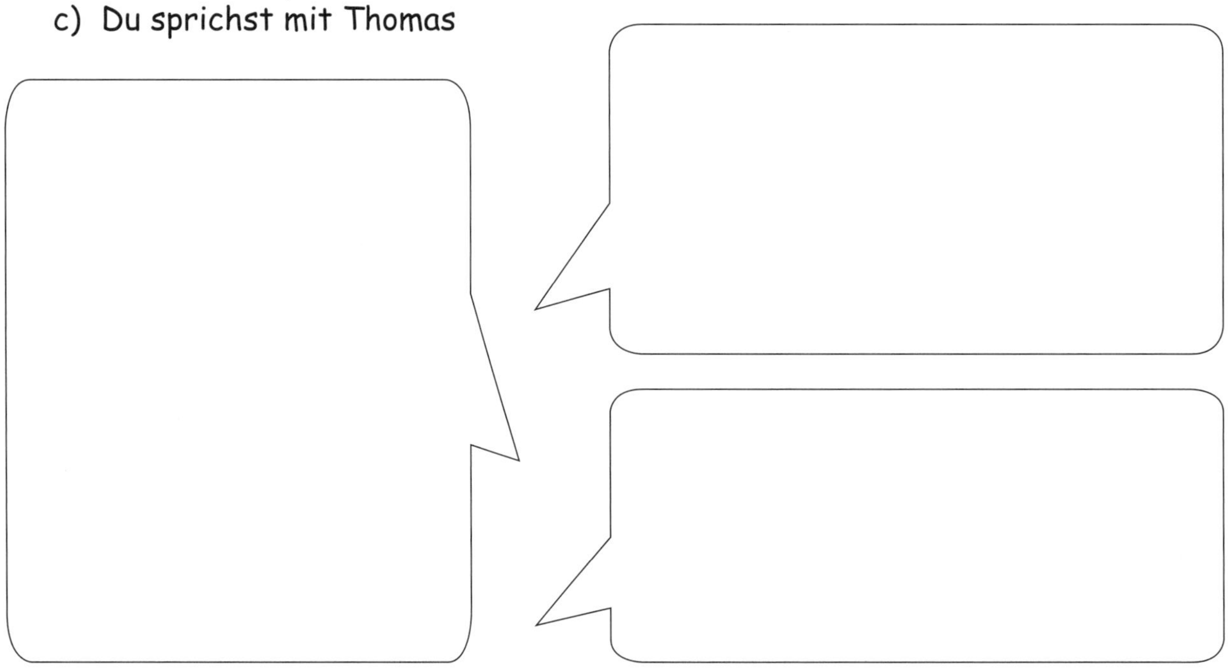

Andere und ich – das andere Ich

Das wird die stärkste Festung meines Lebens!

Ich lass mir nichts mehr gefallen. Lieber igle ich mich ein!

So wie ich bin, komme ich nicht an. Klar, dass ich mich da schützen muss!

Ergänze ein viertes Bild plus Unterschrift.

Erzähle die Geschichte dieses „Eskimos“ – vor und nach dem Bau (Extra-Blatt).

Bin ICH das Problem?

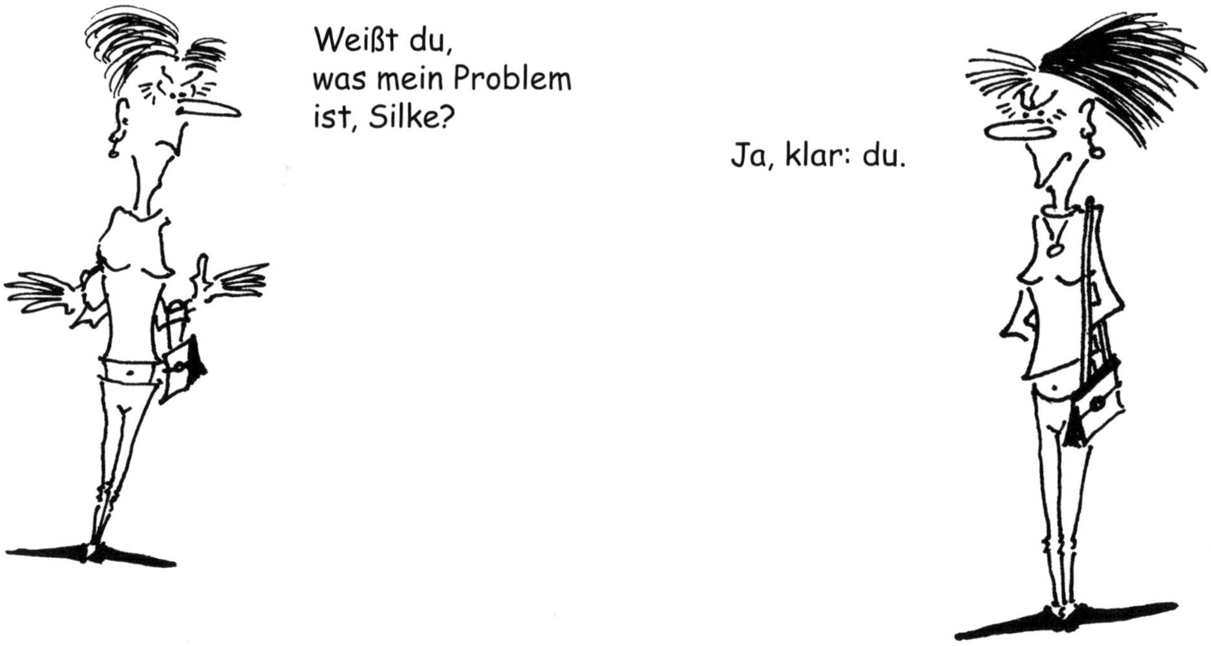

Setze dieses Gespräch mit eigenen Worten fort.

L.:

R.:

L.:

R.:

L.:

Eigentlich anders ...

Eigentlich bin ich ganz anders.
Ich komme nur so selten dazu.

„Meine Masken sind für mich wie eine Erholung von meiner eigenen Person", gestand Hape Kerkeling, Komiker und Schauspieler, in Anspielung auf die von ihm erschaffenen Kunstfiguren.

Welche „Maske" würdest du gern tragen, um dich von deiner eigenen Person zu erholen?

Wann nimmst du deine „Maske" ab?

Es klingelt, also bin ich

„Er ist stinksauer. Extra für die Ferien hat er sich ein neues Handy zugelegt. Und jetzt ruft ihn keiner an."

Hat er recht – oder hat er ein Problem? Kommentiere:

Erzähle eine andere Handy-Geschichte. Berücksichtige den Titel dieses Arbeitsblatts.

Was mögen sie wirklich?

Sie mögen deine Stimme
Wenn niemand sonst sich meldet, übernimmst du

Sie mögen deine Augen
Es ist angenehm, deinem Blick zu begegnen

Sie mögen deine Ohren
Es ist immer schön, jemand zum Ansprechen zu haben

Sie mögen deine Hände
Deine Hilfe ist immer gern gesehen

Sie mögen deine Sicht der Dinge
Mit dir kann man wenigstens noch diskutieren

Sie mögen deine schnellen Schüsse
Alle in der Mannschaft profitieren von deinen Toren

Sie mögen, dass du nicht Nein sagen kannst
So haben sie im Bus viel schneller ihre Hausaufgaben gemacht.

Sie mögen so vieles
an dir und von dir und mit dir
Aber wer eigentlich mag
dich?

Reiner Andreas Neuschäfer

Wovon handelt dieses Gedicht? – Schreibe den Leitgedanken als Elf-Wort-Gedicht:

____

__________ __________

__________ __________ __________

__________ __________ __________ __________

____

Blick-Wechsel

Eine Schule besteht nicht nur aus deiner Klasse und unterschiedlich beliebten oder unbeliebten Lehrerinnen und Lehrern. Jeden Tag verbringen viele verschiedene Menschen ihre Zeit in deiner Schule. Manche tauchen auch nur mal kurz auf, bringen etwas vorbei oder besuchen das Gebäude nur mal eben …

Nenne solche Personen und Anlässe, aus denen sie vorbeischauen.

Versetze dich in eine dieser Personen und betrachte die Schule aus ihrer Sicht: Was sieht sie? Fühlt sie sich wohl? Was imponiert ihr, was missfällt ihr? (Fülle die Gedanken-Blasen aus.)

Was wäre, wenn …?

Stell dir vor, du wartest mit fünf deiner Mitschüler/innen auf den Bus.

a) Was wäre, wenn jeder sein Haustier dabei hätte?
b) Was wäre, wenn jeder seine Eltern dabei hätte?
c) Was wäre, wenn jetzt jemand käme und sich dazu stellen würde?

Erfinde eine Geschichte. Zeichne sie als Comic oder schreib ein Drehbuch:

1	2
3	4
5	6

Fragen

Ich verzweifle, denke nach und komm nicht weiter.
Ich weiß nicht, wozu ich eben noch bereit war.
Ich lebe dahin - doch wozu, nur um zu sein?
Die Welt ist so riesig und ich selbst bin doch so klein.
Ich schaue auf zum Himmel, wunderschön in Blau getaucht,
und frage mich wieder: sieht er da oben mich denn auch?
Meine Fragen sprengen mir den Verstand
über Menschen, die so viele ich schon hab' gekannt.
Tja: was ist der wahre Grund meiner, aller Existenz?
Eine Frage zu stellen, deren Antwort niemand kennt?

Leonhard Schröders

Schreibe möglichst viele Fragen auf, die dem Jungen durch den Kopf gehen:

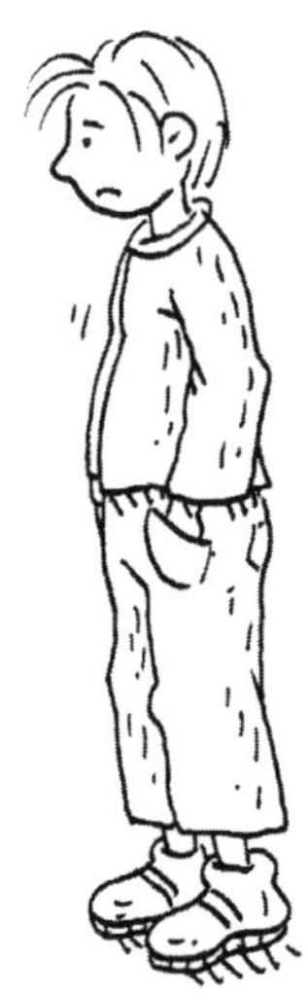

„Fragen sind oft wichtiger als die Antworten." – Kommentiere:

Verrannt, verkannt, verkrochen

Da sprach Jesus noch mal zu ihnen: Friede sei mit euch. (Johannes 20,21)

Es ist dunkel geworden. Fast Nacht. Und das nicht nur äußerlich. Die Jünger sitzen im Dunkeln. Die Furcht und Fassungslosigkeit hat sich bis in ihr Innerstes hineingefressen. Stunde um Stunde. Tag für Tag. Auch eine Woche nach Ostern sitzen sie noch verängstigt hinter verschlossenen Türen.

Mitten in dieser jämmerlichen Situation taucht Jesus auf. Auf einmal. Einfach so. Ohne Vorankündigung. Schalom, sagt er. Das heißt: Frieden. Alles wird gut. Nein: alles *ist* gut. Weil Jesus sich nicht scheut, auch da vorbeizuschauen, wo sich sonst keiner gern aufhält: bei denen, die keiner aushält. Bei denen, die sich selbst nicht mehr aushalten. Die sich selbst auf die Nerven gehen. Jesus kommt da hin, wo Menschen nicht zurechtkommen. Nicht *nur* zu ihnen. Aber eben *auch*.

Deshalb dürfen die Zerschlagenen sich alle Resignation aus dem Sinn schlagen. Weil jemand da ist, der sogar den Tod überwunden hat.

Wer mit *dieser* Macht fertig geworden ist, kann auch mit den Wunden meines Lebens klarkommen. Den kümmern dabei keine verschlossenen Fenster, Türen und Herzen. Sie halten ihn nicht auf. Er kommt. Er überzeugt die, die von gar nichts mehr überzeugt sind. Und sie werden verändert: froh, furchtlos, die Furcht sind sie los. Und dann beauftragt Jesus sie, diesen Frieden in die Welt zu tragen. Hinein in die Löcher, in die sich Menschen verkrochen haben. Etwas dazu beizutragen, damit es heller wird in der Dunkelheit manchen Lebens.

Erfinde ein Symbol für den Kern dieses Textes. Zeichne es und schreibe einen kurzen Kommentar dazu.

Klein, kleiner, kein

Im Schulgottesdienst hatte der Pfarrer ein großes, leeres Gurkenglas dabei. Er füllte es bis zum Rand mit großen Steinen. Anschließend fragte er die Schülerinnen und Schüler, ob das Glas voll sei. „Klar", stimmten sie ihm zu. Der Pfarrer nahm daraufhin Kieselsteine und schüttete sie über die großen Steine. Als er das Glas ein wenig rüttelte, rollten die Kieselsteine in die Zwischenräume der großen Steine. Wieder wurden die Anwesenden gefragt, ob das Glas voll sei. „Natürlich, logo." Schließlich nahm der Pfarrer Sand und schüttete ihn in das Glas. Als er schüttelte, rann der Sand zwischen die Steine und füllte die letzten kleinen Zwischenräume aus.

Wenn du das Glas mit deinem Leben vergleichst, wofür könnten dann die großen Steine stehen, wofür die kleinen Steine und der Sand?

....

....

....

....

Was wäre, wenn es in (d)einem Leben *nur* „große Steine" gäbe?

....

....

....

....

Was wäre, wenn du dein „Lebensglas" nur mit „kleinen Steinen" und mit „Sand" füllst?

....

....

....

....

Zeichne auf die Rückseite dieses Blattes dein persönliches „Lebensglas", in dem du die Steine und den Sand passend beschriftest.

Warum wirbt Gott um die, die sich bei ihm nicht bewerben?

Sie seien lustlos, ohne rechte Qualifikation und irgendwie nicht fromm genug. So sagen sie. Doch Gott wollte niemand anderes als sie. Beispielsweise Mose. Er bekam den Auftrag, vor dem Pharao zu schimpfen: „Du schindest das Volk Israel – lass es frei aus deiner Sklaverei." Mose aber lehnte Gottes Auftrag ab: Der ägyptische Herrscher würde sich vor Lachen auf die Schenkel klopfen. Und überhaupt: Gott solle die Kriterien zur Auswahl seiner Angestellten einmal selbstkritisch unter die Lupe nehmen. „Ich bin von jeher nicht beredt gewesen, auch jetzt nicht, seitdem du mit deinem Knecht redest; denn ich hab eine schwere Sprache und eine schwere Zunge." (2Mose 4,10) Gott ließ das nicht gelten.

So wurde Mose laut Bibel Prophet Nummer eins – bevor viele Generationen später andere große Propheten auf die Bühne traten. Die fühlten sich indes meist klein. Trotzdem: Verguckt hatte Gott sich auch in Jeremia. Er berief diesen zum Propheten für die Völker. (Jer 1) Wer kann schon mehr erreichen? Prophet für alle Völker ist ein Beruf von internationalem Rang. Jeremia sagte ab: „Ich tauge nicht zu predigen; denn ich bin zu jung." Der Auftraggeber betörte Jeremia – wie dieser zu berichten weiß – mit einer zärtlichen Geste. „Der Herr streckte seine Hand aus und rührte meinen Mund an und sprach zu mir: Siehe, ich lege meine Worte in deinen Mund."

Bei Jona hätte Gott auch mit Zärtlichkeit nichts erreichen können. Denn auf Gottes Bewerbungsgespräch ließ der sich erst gar nicht ein. „Nichts wie weg", dachte Jona. Und nur nicht nach Ninive, wie Gott das wünschte. Er wollte vor dem Herrn nach Tarsis fliehen. (Jona 1) Jona bestieg ein Schiff, es folgt ein Sturm auf hoher See. Ins Meer wird er geworfen. Ein Fisch verschlingt Jona, transportiert ihn drei Tage und drei Nächte, speit ihn an Land. Wozu diese kuriosen Dinge? Damit Gott erneut um Jona werben konnte. Diesmal sagte Jona zu, so dass die Stadt Ninive, der der ausgespuckte Prophet den Untergang androhte, letzten Endes sogar gerettet wurde. Ende gut, Vorhang zu.

Die Frage bleibt, warum Gott ausgerechnet die gern will, die eigentlich nicht wollen. Weil sie sich vielleicht nicht wie kleine Götter fühlen? Sie drängeln nicht nach vorn. Sie nerven Gott nicht mit perfekten Lebensläufen und Zeugnissen aus lauter Einsernoten. Gott freilich nestelt gerade aus ihnen besondere Fähigkeiten heraus. Die sich nicht recht trauen, sind ihm vertrauenswürdig. Gott scheut keine Mühen, um die Scheuen zu gewinnen.

Georg Magirius

Unterstreiche die Formulierungen, die dich überraschen oder verwundern.
Such dir eine Person aus dem Text aus, die dir am ähnlichsten ist. Schreibe ihr einen Brief mit mindestens zwei Fragen. Zum Beispiel auf die Rückseite dieses Blattes. Du kannst diesen Brief auch mit Zeichnungen gestalten …

Wer hätte das gedacht?

„Keiner denkt an mich", meinte Sabine. Dabei übersah sie, dass gerade, als sie dies aussprach, jemand auf einen ganz anderen Gedanken gekommen war. Ihr Vater war während einer Geschäftstour, die ihn schon seit Tagen von seiner Familie trennte, an einer Kirche vorbeigekommen. Er wusste auch nicht genau, wie er darauf gekommen war. Jedenfalls hielt er kurz an und hielt in dieser Kirche für ein paar Momente inne. Innen sah er Kerzen, die man anzünden konnte – noch nicht mal eine Spende war dafür die Bedingung. Er las die Karte zur Kerze*:

> In dieser Kirche habe ich eine Kerze angezündet.
> Ich weiß nicht, was ich beten soll.
> Ich weiß nicht, wie ich es sagen soll.
> Ich habe nicht viel Zeit.
>
> Aber das Licht, das ich an der Osterkerze entflammt habe,
> drückt ein Stück meiner Hoffnung aus,
> leuchtet für einen Menschen, an den ich besonders denke.
>
> Christus schenke diesem Menschen und mir Licht.
> ER ist das Licht der Welt.

Sabines Vater zündete eine Kerze an. Für Sabine. Sicher konnte sie es gebrauchen. Und wenn nicht? Dann war es gut für ihn.

Dein Kommentar?

* Kerzen-Karte in der Stadtkirche St. Georg in Schmalkalden/Thüringen.

Das muss ich dir beichten ... (1)

„Hey, Nina", flüstert Jenny ihrer Freundin während des Unterrichts zu, „ich muss dir gleich was beichten."

In der Pause gehen sie in eine ruhige Ecke des Schulhofes und Jenny legt los: „Ich konnte einfach nicht anders, ich habe mich schon wieder mit ihm getroffen, obwohl du mir geraten hast, ich soll die Finger von ihm lassen ...".

Nina erwidert: „Du bist selbst schuld, wenn du dich unglücklich machst. Aber ich verurteile dich nicht, schließlich bist du ja auch nur ein Mensch ..."

Was meint Jenny mit *beichten*? Wieso spricht Nina von *Schuld*?

Wie fühlst du dich, wenn du jemandem etwas „beichtest", was du schon lange mit dir herumträgst? Wie sollte dein „Beichtpartner" mit deiner „Beichte" umgehen?

Beichte: Bei einer christlichen Beichte wendest du dich an einen Mitchristen unter vier Augen. Du erzählst, was dich belastet. Du bekennst, dass du Gottes Gebot übertreten hast und schuldig geworden bist. Danach bittest du um Vergebung und erwartest Erleichterung und Befreiung von der Sünde. Dir wird die Vergebung durch Gott zugesprochen. Auf diesen Freispruch kommt es beim Beichten an. Sie wird damit zu einem „Sakrament der Freude".

Das muss ich dir beichten … (2)

Meine Mutter sagte immer: „Die schlimmsten Sünder sitzen meistens vorn in der Kirche. Die haben etwas ausgefressen. Dann beichten sie es. Und schließlich machen sie genauso weiter."

Ich machte einmal die Probe aufs Exempel. Und beichtete tatsächlich. Doch, ehrlich gesagt, danach konnte ich nicht einfach so weitermachen. Ich war sooo dankbar für die Vergebung …

Kannst du dir vorstellen, einem Menschen, der Gott sehr nahe ist, etwas zu beichten aus deinem Leben? Wie müsste diese Person sein?

....

....

....

Ich.

Ich?

Ich …

Beichte?

Beichten?

Beichte ich?

Ich beichte?

Ich beichte.

Ich beichte!

Beichte Beichte Beichte…

Beichte BeICHte Beichte…

BeICHte BeICHte BeICHte…

Ich beICHtete Ich beICHtete…

GebeICHtet.

…

Ergänze die letzte Zeile.

Das muss ich dir beichten ... (3)

Klar ist, dass man im Leben nicht immer alles so hinbekommt, wie man eigentlich möchte. Etliches läuft schief. Nicht selten wünschte man sich, man könnte von vorn anfangen. Beichte ist dafür ein ungewöhnliches Wort. Wie würdest du das nennen?

....

....

Neben der Zusage, dass jetzt alles okay werden kann, ist bei einer Beichte das Schweigen das Wichtigste: Niemand erfährt, WAS besprochen wurde. Und niemand erfährt, DASS gesprochen wurde. Das heißt: Kein Pfarrer, keine Pfarrerin darf Auskunft darüber geben, wer bei ihm war. Diese Schweigepflicht ist etwas ganz Besonderes und zählt zum Beispiel auch von Gericht. Darauf kannst du dich in jedem Fall verlassen. Hundertprozentig.

Christen glauben: Jesus hat den Menschen zugute den Kreuzestod auf sich genommen, er trug und ertrug die Sünden der Welt. Das heißt auch: Bei ihm sind Sünden gut aufgehoben, wenn sie aufgehoben werden sollen.

Nimm einen Zettel und schreibe auf, was du beichten könntest. Nachdem du einem vertrauten Menschen im Gespräch oder Jesus im Gebet alles ehrlich bekannt hast, vernichte den Zettel. Kannst du dir vorstellen, dass Jesus dir vergibt? Du wirst spüren, dass eine Beichte tatsächlich etwas verändern kann.

Auch im Gesangbuch kannst du hilfreiche Vorschläge zur „Beichte" entdecken. Du kannst sogar „online beichten", z.B. www.beichthaus.com oder www.beichte-es.de oder www.beichte.de usw. Schau dir eine solche Seite einmal an und diskutiere mit einem Mitschüler oder einer Mitschülerin, was dafür und was dagegen spricht, auf ein solches Beicht-Angebot online einzugehen.

Gott liebt dich

Unglaublich
Un-glaublich
Kaum zu glauben, …

… dass Gott mich liebt, auch wenn ich nackt, arm und voller Sünden bin. Auch wenn ich mir selbst peinlich bin.
Und ich dachte immer, ich müsste mir Gottes Liebe verdienen. Ich mühe mich immer dafür ab und tue irgendwie mein Bestes. Und dann hoffe ich, dass ich dann zur Belohnung Gottes Segen und Liebe bekomme.

Die Liebe Gottes kann ich mir durch nichts und wieder nichts verdienen. Denn Liebe ist etwas Unverdientes! Sobald ich um Liebe kämpfe, sie erobern und verdienen möchte, habe ich sie bereits verloren. Denn Liebe ist unverdientes Angenommensein. Ohne Wenn und Aber!

Male ein Bild, das – ausschließlich mit Farben und Formen – die Aussage der Zeilen oben zur Sprache bringt.

Was soll aus mir werden?

Als Jeremia von Gott zum Propheten berufen wurde, fühlte er sich gar nicht geeignet und vorbereitet und flüchtete sich in eine Ausrede. Im Buch Jeremia 1, 4–8 können wir das Gespräch zwischen Gott und Jeremia nachlesen:

Gott: Ich kannte dich, ehe denn ich dich im Mutterleibe bereitete und sonderte dich aus, ehe denn du von der Mutter geboren wurdest, und stellte dich zum Propheten unter die Völker.

Jeremia: Ach Herr Herr, ich tauge nicht zu predigen, denn ich bin zu jung.

Gott: Sage nicht: „Ich bin zu jung", sondern du sollst gehen, wohin ich dich sende und predigen, was ich dich heiße. Fürchte dich nicht vor ihnen, denn ...

Jeremia:

Gott:

Jeremia:

Gott:

Jeremia:

Beende Gottes letzte Antwort und setze den Dialog Jeremias mit Gott fort.

Tipp: Für Gottes Antworten kannst du einige der Bibelstellen auf S. 63 benutzen.
Um Jeremias antworten zu lassen, denke an deine eigenen Befürchtungen, wenn du an die Zukunft denkst. Vielleicht kennst du das Gefühl, dass du nicht weißt, was aus dir werden soll?

Nachdenkliches

ich denke nach
und frag mich, was wäre, wenn alles das stimmt, was die Bibel mir sagt
ich denke nach
über die Erde, dass sie uns das nimmt, was der Vater uns gab ...
ich frage nach
worauf die Menschen so fest vertrauen, dass sie das Gute nicht sehen
ich vertraue
auf den Vater, denn er liebt mich so, wie er immer getan
ich vertraue
dass alles geschehen wird, dass die Wunden heilen, so wie Jesus gesagt
ich frage dich
willst du alles aufgeben - zum neuen Menschen durch die Liebe werden
ich frage dich
was ist deine Stütze - was hält dich fest, wenn du wieder fällst?
ich weiß nicht
wann alles vorbei ist - doch ich hab keine Angst, wenn der letzte Tag kommt
ich weiß nicht
wann deine Zeit kommt, wie dein Plan aussieht; doch es gibt ihn gewiss
ich hoffe
dass auch du die Liebe so erfährst, dass du glücklich bist
ich hoffe
du erkennst, was wichtig ist, was letztlich wirklich zählt
ich bete
zu Gott, dem Vater, dass er mich erhört und mir Frieden gibt
ich bete
für dich und für alle, dass Gott Segen schenkt und täglich bewahrt
ich wünschte
ich wär ein Engel von Gott gesandt und für euch bestimmt
ich wünschte
es wär so einfach so wunderschön - so wie im Himmel

Leonhard Schröders, 15 Jahre

Markiere im Text die Wörter und Gedanken, die dir am wichtigsten vorkommen. Formuliere daraus einen eigenen „nachdenklichen Satz“:

....

(K)ein Witz

„Dein Zeugnis ist ja miserabel, Paul.
Was soll ich bloß dazu sagen?"
„Was du immer sagst, Mama."
„Und, was sage ich immer?"
„Hauptsache du bist gesund, mein Kleiner."

Mutter zur Tochter:
„Nach diesem Familientest hier
dürften wir nicht mal
auf demselben Planeten wohnen."

Spiele beide Witze mit einem Partner oder einer Partnerin nach und setze den Dialog fort.

Suche in Zeitschriften nach weiteren Witzen, die das Verhältnis von Eltern und Kindern zum Thema machen:

my own song

ich will nicht sein
so wie ihr mich wollt
ich will nicht ihr sein
so wie ihr mich wollt
ich will nicht sein wie ihr
so wie ihr mich wollt
ich will nicht sein wie ihr seid
so wie ihr mich wollt
ich will nicht sein wie ihr sein wollt
so wie ihr mich wollt
nicht wie ihr mich wollt
wie ich sein will will ich sein

nicht wie ihr mich wollt
wie ich bin will ich sein
nicht wie ihr mich wollt
wie ich will ich sein
nicht wie ihr mich wollt
ich will ich sein
nicht wie ihr mich wollt
will ich sein
ich will sein

Ernst Jandl*

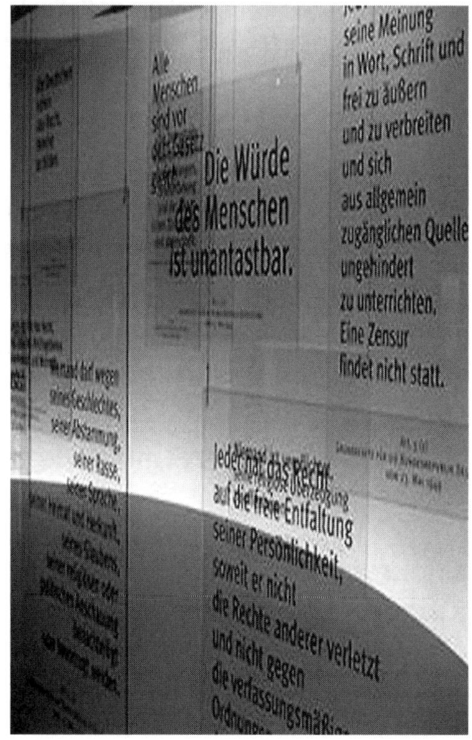

Entwickelt einen Rahmen, in dem die Worte des Gedichts gesprochen werden: Von wem zu wem und warum? – Spielt es vor.

Was hat das Foto mit dem Gedicht zu tun?

....

....

....

....

* Ernst Jandl: Der gelbe Hund. Poetische Werke 8. Hg. v. Klaus Siblewski, © Luchterhand, München 1997

Was wirklich zählt ...

Es gibt Dinge, die einem wichtig sind, und anderes, das einem noch wichtiger erscheint. Gerade wenn's mal nicht so super läuft im Leben, merken manche, was ihnen am wichtigsten ist.

Trage in folgende Tabelle die Dinge im Leben ein, die dir besonders wichtig sind oder auf die du nicht verzichten kannst. Ordne sie nach ihrer Wichtigkeit von 1 bis 5:

1.	weil ...
2.	weil ...
3.	weil ...
4.	weil ...
5.	weil ...

Vergleiche deine Liste mit der einer Mitschülerin/eines Mitschülers. Wo stimmt eure Liste überein, wo gibt es Unterschiede?

Welche Punkte deiner Liste kannst du dir selbst besorgen?

Bei welchen Punkten bist du auf andere angewiesen?

Wobei würdest du Gott ins Spiel bringen?

Was ich mir wünsche ...

„Was wünschst du dir denn dieses Jahr?" – Diese Frage so kurz vor dem Fest der Feste brachte mich immer wieder in Verlegenheit:

Gestern wusste ich noch genau, was ich sagen würde, wenn mich nur jemand fragte. Doch heute, wo ich gefragt werde, kommt mir nichts über die Lippen. Jedenfalls nichts von dem, was ich mir wirklich wünschte.

Manchmal ist mir ganz klar, was ich eigentlich will. Und dann wieder habe ich davon gar keine Ahnung. Nicht selten weiß ich selbst nicht, was ich will ...

Viel leichter wäre es, wenn ein anderer Mensch von ganz allein von meinen Augen ablesen würde, was ich wirklich will ...

Dein Kommentar: ....

....

Trage in die Leerzeilen Wünsche ein, die zu den anderen Wörtern der jeweiligen Zeile passen:

Weihnachtswünsche für das Jahr

Hoffnung für die ....

Weile für die Eiligen,

Dank für die ....

Rhythmus für die Tanzenden,

.... für die Machthabenden,

Wasser für die Durstigen,

Angst für die ....

Verzeihung für die Streitenden,

Wärme für die ....,

Dauer für die Liebenden,

.... für das Fest.

Einfach neu anfangen – nicht aufgeben (1)

Manchmal wünsche ich mir, dass einfach Schluss wäre:

Alles vorbei, was war.
Die Zukunft wie ein unbeschriebenes Blatt vor mir.
Von der Vergangenheit keine Ahnung mehr.

Jedes Jahr sehne ich mich danach, wenn das Neue Jahr beginnt und mit Silvester das vergangene Jahr endlich vergangen ist. Dann wünsche ich mir, dass nicht nur die Jahreszahl jetzt eine andere wäre. Sondern auch ich.

Und dann male ich mir aus, wie das Neue Jahr so werden könnte:

Ohne Fettnäpfchen.

Ohne Übergewicht.

Ohne schlechte Noten.

Ohne ....

Ohne ....

Ohne ....

So möchte ich den nächsten Übergang von einem Jahr zum nächsten feiern:

Einfach neu anfangen - nicht aufgeben (2)

„Ich werde nie aufgeben.
Und wenn - dann fange ich einfach von vorne an."

Fenja Neuschäfer

Lies folgende vier Sätze laut vor oder murmle sie vor dich hin.

A: Das Leben ist eine Aufgabe.

B: Das Leben ist eine Gabe.

C: Das Leben ist zum Aufgeben.

D: Das Leben ist gegeben.

Du: Mein Leben ist ....

Erkläre die unterschiedliche Bedeutung der Aussagen A bis D. Trage eine für dich passende Ergänzung in Aussage „Du" ein.

„Das kannst du doch bestimmt verstehen, dass ich deshalb nicht mehr auf der Welt sein möchte." - Warum sollte jemand so etwas sagen? Und was würdest du ihm erwidern?

Gott für mich - ich für mich

Herr, du erforschest mich und kennest mich. Ich sitze oder stehe auf, so weißt du es; du verstehst meine Gedanken von ferne. Psalm 139,1-2

Ich danke dir, dass ich wunderbar gemacht bin, wunderbar sind deine Werke und das erkennt meine Seele wohl. Psalm 139,14

Deine Augen sahen mich, da ich noch unbereitet war und alle Tage waren auf dein Buch geschrieben, die noch werden sollen, als derselben keiner war. Psalm 139,16

Was betrübst du dich, meine Seele du bist so unruhig in mir? Harre auf Gott. Denn ich werde ihm noch danken, dass er meines Angesichts Hilfe und mein Gott ist. Psalm 42,12

Fürchte dich nicht, ich bin mit dir; weiche nicht, denn ich bin dein Gott; ich stärke dich, ich helfe dir auch, ich erhalte dich durch die rechte Hand meiner Gerechtigkeit. Jesaja 41,10

Weil du so wert geachtet bist vor meinen Augen, musst du auch herrlich sein und ich habe dich lieb. Jesaja 43,4

Denn der Herr, dein Gott, ist bei dir, ein starker Heiland. Er wird sich über dich freuen und dir freundlich sein. Er wird dir vergeben in seiner Liebe und wird über dich mit Jauchzen fröhlich sein. Zephanja 3,17

Freut euch aber, dass eure Namen im Himmel geschrieben sind. Lukas 10,20

Menschen haben gerade in Krisen mit ihrem „Ich" diese Sätze aus der Bibel als Hilfe und Trost erlebt.

Überlege, welcher dich trösten könnte, und gestalte ihn dir als „Denkzettel".

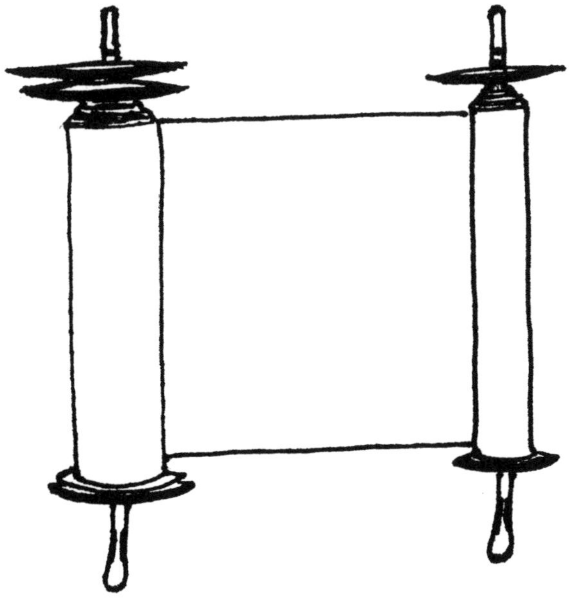

Wenn mein Ich auf dem Spiel steht ...

Auf den Seiten, die du bearbeitet hast, bist du dir selbst begegnet mit deinen Chancen und Grenzen und Täuschungen. Die Impulse, Informationen und Ideen sollten anregen, aufregen und etwas bewegen. Denn die Frage „Wer bin ich?" wirst du dir immer wieder stellen. Und du wirst Antworten suchen.

Das hat gut getan ...

Das hat mich erschreckt ...

Das hat ich verstanden ...

Fragen sind geblieben ...

Das will ich verändern ...

Deine nächsten Schritte musst
du zwar selbst gehen, aber nicht allein.